www.ingramcontent.com/pod-product-compliance
Lightning Source LLC
Chambersburg PA
CBHW032102280526
45784CB00013B/2957
* 9 7 8 1 0 9 2 7 9 9 4 2 3 *